CUANDO LOS GRANDES ERAN PEQUEÑOS

JORGE LUIS BORGES

GEORGINA LÁZARO   Ilustrado por GRACIELA GENOVÉS

LECTORUM
PUBLICATIONS, INC.
a subsidiary of Scholastic Inc.
New York

*Menos que las escuelas me ha educado
una biblioteca—la de mi padre.*
—JORGE LUIS BORGES

A MIS DOS JORGES.

—G. L .L.

A MIS HIJAS, JULIA Y EMILIA.

—G. G.

JORGE LUIS BORGES

Text copyright © 2009 Georgina Lázaro

Illustrations copyright © 2009 Graciela Genovés

Library of Congress Cataloging-in-Publication Data

Lázaro León, Georgina .

Jorge Luis Borges / Georgina Lázaro ; ilustrado por Graciela Genovés.

p.   cm. – (Cuando los grandes eran pequeños)

ISBN 978-1-933032-40-5

1. Borges, Jorge Luis, 1899-1986–Juvenile poetry. 2. Children's poetry,
Puerto Rican. I. Genovés, Graciela, ill. II. Title.

PQ7440.L42J67 2009

861'.64–dc22

2009008491

10 9 8 7 6 5 4 3 2 1

Printed in Singapore

Tras una verja muy alta
en un mundo resguardado
había un pequeño universo,
había un lugar encantado.

Allí una casa distinta
se escondía de Palermo,
de su gente, de su arroyo
y de sus solares yermos.

Tenía patios y jardines
con pajaritos y flores,
un gran molino de viento,
balcones y corredores.

Tras el muro vivía un niño
corto de vista, algo frágil,
de memoria extraordinaria,
de imaginación muy ágil.

Era atento y educado,
muy curioso y ocurrente.
Hablaba inglés y español,
y era muy inteligente.

Jugando en aquel jardín
pasaban felices horas,
entretenidos y alegres,
él y su hermanita Norah.

Bajo la palma, una isla
donde los dos dibujaban:
él, fieros tigres rayados,
y Norah, casas rosadas.

Representaban escenas
que ellos mismos inventaban:
él, un príncipe; ella, reina;
él, un caudillo; ella, esclava.

Como se sentían muy solos
inventaron dos amigos.
El nombre de uno era Quilos
y el del otro era Molinos.

Norah, vivaz, se subía
en árboles y azoteas;
su risa como campana
que alegre repiquetea.

Él, tímido y temeroso,
con más miedo que entusiasmo,
la seguía por todas partes
disimulando su espanto.

Su imaginación creaba
visiones tras los espejos
y sonidos tenebrosos
que llamaban desde lejos.

Sus aventuras reunían
personajes espantosos,
fantasmas, monstruos, engendros,
pergaminos misteriosos.

Así pasaban los días
en aquel mundo encerrado,
libres pero protegidos
en su universo encantado.

Cuando llegaba el verano
se abrían aquellos portones
y a casa de unos parientes
solían ir de vacaciones.

Su prima se unía a sus juegos
extraños y divertidos.
Con ellos viajó a la Luna
dentro de un biombo florido.

Crearon un club secreto,
se ponían antifaces,
y en una clave inventada
escribían raros mensajes.

Les gustaba cabalgar
por aquel nuevo escenario.
En el río aprendió a nadar
aquel niño sedentario.

Como no iban a la escuela
tenían una institutriz.
Era amable y cariñosa
y se llamaba Miss Tink.

Fanny, la abuelita inglesa,
vivía en la casa de al lado
y entre cuentos y caricias
les brindaba sus cuidados.

Llamaba a su nieto Georgie.
Siempre le hablaba en inglés.
Con caramelos e historias
endulzaba su niñez.

Con frecuencia su mamá,
complaciendo sus deseos,
a un zoológico cercano
los llevaba de paseo.

A la jaula de los tigres
corría el niño entusiasmado.
Sus rayas y sus colores
observaba embelesado.

Era obediente y amable.
¡Ay, pero cuán obstinado!
A la hora de regresar
mostraba todo su enfado.

Era difícil sacarlo
de aquel lugar de recreo.
Quedarse junto a los tigres
era su mayor deseo.

Pero, al fin, lo convencían
y, entre amenazas y llantos,
regresaban a la casa
que encerraba tanto encanto.

Aquella casa espaciosa
de amplia terraza y dos plantas
era un mágico lugar
de esos que hechizan, que cantan.

Para el niño había un espacio
de todos su predilecto.
Estaba lleno de libros
que avivaban su intelecto.

Era una amplia biblioteca.
Allí nació su pasión
por los libros, por las letras,
por la poesía y la ficción.

paradoja

infinito

El juego de la lectura
puso alas a su encierro:
Poe y Verne, Grimm y Carroll;
Don Quijote, Martín Fierro...

Devoraba enciclopedias,
exploraba diccionarios,
coleccionaba palabras:
paradoja, minotauro...

Ficciones, kaleidoscopio,
crepúsculo, abismo, enigma,
encrucijada, penumbra,
bizarro, infinito, prisma.

Su padre, que era abogado,
intelectual, profesor,
lo animaba y lo guiaba
con entusiasmo y amor.

Él le reveló el poder,
la fuerza de la poesía
que convierte las palabras
en hechizo, en melodía.

Aventuras y misterios...
Escribía, como quien juega,
traducciones y tratados
de mitología griega.

Jugando el niño lector,
siguió inventando historias.
Ya de la literatura
no tendría escapatoria.

En un cuaderno escolar
redactó su primer cuento:
un tigre y una pantera
en un encuentro violento.

Cuando tenía nueve años
comenzó a ir a la escuela.
Su conducta era excelente,
mas sus notas no eran buenas.

No le gustaba el dibujo,
la geometría ni el francés.
En otros conocimientos
ponía todo su interés.

Era un niño diferente.
Vestía como un chico inglés.
Los demás de él se burlaban,
lo trataban con desdén.

Non, je ne suis pas
Non, tu n'es pas
Non, il n'est pas
Non, nous ne sommes pas

Al poco tiempo a su padre,
como desgracia prevista,
por un mal hereditario
le empezó a fallar la vista.

A Europa fueron buscando
alivio a su condición,
y además, para los niños,
una buena educación.

Emigraron a Ginebra.
Allí hizo muchos amigos.
También asistió a la escuela
hasta lograr su objetivo.

Al obtener su diploma
sabía que sería escritor.
Una estrella le alumbraba
desde siempre con fulgor.

Viajaron por algún tiempo,
pero unos años después
regresaron a Argentina,
la patria de su niñez.

El niño que había partido
curioso e ilusionado
al regreso ya era un joven
muy maduro y educado.

Era europeo y argentino.
Su obra no tiene fronteras.
No pertenece a países
ni a gobiernos ni a banderas.

Su pasión fue la lectura,
escribiendo se hizo un hombre.
El mundo entero es su patria.
Jorge Luis Borges, su nombre.

¿TE GUSTARÍA SABER MÁS?

Jorge Luis Borges nació el 24 de agosto de 1899 en Buenos Aires. Fue el primero de los dos hijos de Jorge Guillermo Borges y Leonor Acevedo. Bilingüe desde su infancia, aprendió a leer en inglés antes que en castellano por influencia de su abuela paterna de origen inglés. No fue a la escuela hasta los nueve años y por muy corto tiempo. Sus padres, para protegerlo de enfermedades contagiosas y desconfiados de la educación institucionalizada, contrataron a una institutriz para que recibiera sus estudios primarios en casa.

En 1914, buscando alivio para la condición de ceguera del padre, la familia se trasladó a Europa y al estallar la Primera Guerra Mundial se instaló en Ginebra. Allí Jorge Luis estudió bachillerato y comenzó a escribir poemas en francés. Su primera publicación, una reseña de tres libros españoles escrita en francés, apareció en un periódico local.

En 1921 los Borges regresaron a Buenos Aires. Allí el joven poeta participó en la fundación de varias publicaciones literarias y comenzó a escribir sobre su ciudad natal. En 1923 publicó su primer libro de poemas, *Fervor de Buenos Aires*, y, algunos años más tarde, *Luna de enfrente* y *Cuaderno San Martín*.

En la década de 1930 comenzó a perder la vista hasta quedar totalmente ciego, como su padre. A pesar de esa condición, trabajó en la Biblioteca Municipal Miguel Cané. Por esos años empezó a escribir relatos breves, como los contenidos en sus libros *Ficciones*, *El Aleph* y *El hacedor*, con los que se dio a conocer en América y Europa.

En 1955 fue nombrado director de la Biblioteca Nacional de su país. Más tarde fue profesor de literatura inglesa en la Universidad de Buenos Aires. En 1961 compartió el Premio Formentor con Samuel Beckett y en 1980 recibió el Premio Cervantes junto con Gerardo Diego. En 1965 recibió la Insignia de Caballero de la Orden del Imperio Británico, uno de muchos premios y títulos que recibió por todo el mundo.

Debido a su amplia trayectoria literaria, Jorge Luis Borges es reconocido en el mundo entero como uno de los escritores más sobresalientes de la literatura hispanoamericana y universal. Su obra ha sido traducida a más de veinticinco idiomas y está considerada como una de las más originales de la literatura del siglo XX.

Murió en Ginebra, el 14 de junio de 1986.